Kurt Marti
Hannis Äpfel
Gedichte aus dem Nachlass

Kurt Marti
Hannis Äpfel

Gedichte aus dem Nachlass

Herausgegeben von
Guy Krneta

Mit einem Nachwort von
Nora Gomringer

Wallstein Verlag

stillleben
hannis äpfel

apfels rot:
ohne falsch

apfels tugend:
saftprall

apfels leumund:
bio

apfels haltung:
philosophisch

apfels tätigkeit:
hier sein

apfels traum:
baum werden

verschont

leben
mein igel
der auf nächtlicher
strasse
den autorädern
entkam

geh!

geh dicht
geh!
aber nicht
in die knie
aber nicht
auf allen vieren
geh furchtlos
geh aufrecht
– wohin?
geh dicht
geh!

im weitergehen

auf der hut sein – wozu?
langsamer nur
fliegt der pfeil
dessen kommen du siehst

gelegentlich

bin ich
senil
und schon dumm –
ich frage
kaum mehr:
warum?

oder bin ich
einfach
bloss müd
und lasse
geschehn
was geschieht?

missglück

weils einem traurigen fink
nicht glücken wollte
ein lustiger spatz zu werden
verkroch er sich tief
– von sonne und spatzen verlacht –
im schattengebüsch

was tut er dort?
möchte er sterben?
oder misslingt ihm auch das?
kommt keine katze
die sich seiner erbarmt?

favoritin

hochnäsig oft
sind lange beine
drum liebe ich
mit kurzen eine

föhn

ich liebe
den föhn
und bin ihm
doch böse
weil er
das herz
meiner liebsten
plagt

föhn! du föhn!
warum grad
das kleine
so grosse
herz
meiner liebsten?

lage

bin nicht in der lage
bin fast nie in der lage
bin überhaupt
in keiner lage mehr
mein los
heisst: lagelos

wie werd ich
diese lage los?

nasser juni

und weiter regnets
    im feld fault das heu
        die verfärbung gefällt mir
            bin ja nicht bauer

bin händler
    und werde heut nacht
        das fell des grossen
            bären verkaufen

ballhörnchen

reich und reich gesellt sich gern
wie man sich kettet so liegt man
muhe recht und scheue niemand
man muss die besten feiern wenn sie fallen
wir sind ein einig volk von biedern

über land

1
festzurrend (mein ich)
die unruh im kopf
und auto-autisten
die schulter zeigend die warme
(der sonne sei dank:
im hades heisst es
wärme sie nicht mehr)
geh ich fürbass
ja ja: fürbass
warum nicht: fürbass?

2
fahren macht fahrig
gehen ist besser
nur nicht zu hastig
zu langsam ebenfalls nicht
kein falsches tempo
hügel und hunde
könnten argwöhnisch werden –
und so denn
mit inwendig ach gedanken
auswendig längst geläufig
fürbass

3
ein wölklein zerfasert
ein zweites kriegt flossen

heuwender tuckern
aus stämmen guckt wald –
wie sagte a. neulich?
»natur – welch romantischer irrtum!«
viehhüter umfrieden
hochleistungskühe
(künstlich gezeugt
künstlich besamt)

4
dort drüben
neben dem steinbruch
eine kleine dächerversammlung
und hier zwei silberpappeln
und ich der fürbass
sonst eher ungern
mit mir zusammen
im moment aber doch
– unterm blauen segel da oben –
beinah mich duldend
beinah versöhnlich
kuhaugenruhe im kopf

5
lockt gehrhythmusrausch
oder wähn ich zu finden
was nicht gesucht werden kann?
der schädel hat zu glühen begonnen
eine hecke fällt auf
aus feld- wird grasweg
über halmen und klee

zwei lila falter:
flügelnder free jazz
verrückte loopings

  6
asphaltband
anmutig um hügelschultern gelegt
unermüdlich schaut von der höhe
eine linde ins land
das seinerseits unermüdlich
die linde beschaut:
land und linde
(hätten sie augen)
auge in aug –
und hinzugedacht
(natura est fabula): eine lerche
winzig werdend im blau

  7
fürbass ja
über land ja
an scheunenwänden
und trafohäuschen
anzeigen lesend:
militär bietet auf oder zivilschutz
schwingfeste viehschauen gäbs
theater mit anschliessendem tanz
junge rockbands treten
in alten gasthöfen auf
hie und da wird gestorben –
über blaufernem gebirge

kleine stockwolken jetzt
(wattig watteau rokoko)
hühner im schatten des nussbaums
durchs gattertor holpert
ein traktor auf die strasse hinaus
auf dem anhängerwagen kunstdüngersäcke
der fahrer nickt einen gruss

8
schöne neue apfelbaumwelt
(niederwuchs gern-gezweigt)
eine krähe reglos im feld
ganz majestät ganz gier –
die weite landschaft
schwenkt walddunkle fahnen
im freundlichen biswind
sonne schwatzt auf die haut ein
asphaltgetrockneter kuhdung
unten durchs tal rauscht ein zug

9
ausgerupft abgeerntet
ein kirschbaum am weg
noch lehnt die leiter
am stamm –
einst war ich im kommen
nun bin ich im gehen
(solo fürbass)
ein pferd schaut mir nach

10
müllmuldenrest (ablagerungen verboten!)
was führt ein toyota im schilde
der – als spähte der fahrer aus –
geräuschlos hinrollt am waldrand?
eine badewanne verrostet im feld
behutsam senkt sich das wiesengelände
ein sägewerk unten am bach
steht still ist verlassen –
schon bieten trottoirs sich an
eine ortschaft lässt bitten
spätnachmittags jetzt

11
geruch von
geranien und teer
im wirtshausgarten
kein gast umsonst
rot die tische die stühle
sperlinge hüpfen –
ach guck mal: vor der sparkasse
reichen notar und makler
einander die hand
teure heimat ach ja
immer teurer
die autos starten
gen westen kupferlicht nun
ein knabe betritt die dorfpapeterie

12
stadt wieder
schwitzende schatten
perpetuum automobile
und flüchtig die frage: wie gehts?
o danke es geht
geht ganz gut
geht über land

etüde für ballhorn

aller umfang ist schwer
man soll den tag nicht vor dem absinth loben
ein unglück kommt selten um eins
reich und reich gesellt sich gern
was hänschen nicht lernt lernt hans immer mehr
muhe recht und scheue niemand
was lange weilt wird endlich wut
wie man sich fettet so siegt man
alte liebe kostet nicht
morgenstund hat blond im mund

vorerst gerettet

plötzlich
amselgezeter

nachbars kater
im gartengesträuch

ein dürrblatt
verriet ihn

zum beispiel: brot

brot essen können
(heissts im talmud)
sei kein geringeres wunder
als israels zug einst
durchs schilfmeer

denn es blieben die wege
von der aussaat des korns
bis zum brot auf dem tisch
lang und vielfach gefährdet

tanka

heiter entlaubt sich
der ahorn und spazieren
drachen am himmel

täglich sei unsere tat
das nichttun des jüngsten tags

klage

o weh o weh
der kleine kaspar
ist tot

die vögelein
schweigen im walde

die frauen streuen sich
asche aufs haar

der grosse kaspar
möcht ebenfalls sterben

denn nun
denn so
ist kein leben mehr

ein tritt in die vergangen heut

ins katz –
& mausoleum?

nicht frag mich
was dort sei!
geh hin
schau nach:
ein tritt
ist daselbst frei
zwei tritte
kosten
einen nickel
beim dritten
gehts dir
an den wickel

spuk

was ist
im schrank?

mein hemd
blitzblank

dein rock
vier schuh

ein geist
dazu

der macht
polt-polt

wenn mond
nachts rollt

abgesang

in zeilen
klagt
verzettelte
zeit

in sätzen
seufzt
versessener
sinn

auf blättern
welkt
verläpperte
lust

friedhofliedlein

tust du einst
den letzten schnauf
löst sich ernst
in lachen auf

unbeschwert
von welt und zeit
bist du nur noch
– leichtigkeit

umgangsformen

mich ichze ich
dich duze ich
sie sieze ich
uns wirze ich
euch ihrze ich
sie sieze ich

ich halte mich an die regel

hundsdrecke

manch unmensch
geht
des nachts einhar

sein unhund
kackt
auf das trottoir

und kommt
im unlicht
wer geschlapst

er mitten
in den unrat
trapst

von oben

süss ach tönt
die rede vom ende
des klassenkampfs –
honig
um die mäuler
derer geschmiert
die wie immer
das nachsehen haben

das wort

das wort! es kündet
und ist nicht euer
es blitzt und zündet
das wort ist feuer

das wort schuf welten
das wort des höchsten
das wort will gelten
zum wohl des nächsten

das wort hält wache
das wort ist bote
das wort stärkt schwache
das wort weckt tote

leben

hoffen
macht offen

geben
weckt leben

teilen
lässt heilen

greisenreime

die zeit eilt davon
aufs mal bist du alt
ein grufti wohl schon
ein komposti auch bald

es knackt im gebälk
gelenke tun weh
die haut wurde welk
gehör und augen – o je!

ach liebe ach lust –
passé und verschüttt!
es rasselt die brust
letzte anmut entglitt

leib ist wie blei
ohne kraft ohne schwung
auch du trägst so bei
zur überalterung

pfingstmorgen

schon wieder heute
schon wieder hier
von fernher geläute
was feiern wir?

pfingsten? ach richtig
den heiligen geist!
der wäre wichtig
bloss fehlt er zumeist

im traume noch eben
konnte ich mühlos
und luftig entschweben
hinweg über dörfer und silos

ob ich deshalb nun pfingsten
als steigflug mir denken muss?
nicht doch nicht im geringsten –
VENI CREATOR SPIRITUS!

HANNI

I

Das Häuflein Asche im Tonkrug –
der schöne zärtliche Leib
ein Traum nur noch.
Warum, ach, bist du gestorben?
Warum nicht ich?
Warum nicht gleichzeitig
wir beide zusammen?

*

Im Schatten des Todes schon
sagtest du eines Nachmittags plötzlich:
»Ich hatte ein schönes,
ein interessantes Leben
und war sehr glücklich bei dir.«
Deine unpathetisch schöne Art,
das Zeitliche zu segnen.
Ich stürzte auf den Flur hinaus
und heulte wie ein Schlosshund.

*

Nachts wache ich auf,
weil mir ist, deinen Atem
auf meiner Haut gespürt zu haben.
Dann fällt mir aber
wieder der Augenblick ein,
da du aufgehört hast zu atmen –
einfach so.
In purpurnen Farben zelebrierte draussen
die Sonne ihren heutigen Abschied.
Adieu!
A Dieu.

*

Die menschliche Haut vergesse nichts,
behaupten Dermatologen.
Die meine jedenfalls vergisst
die Berührungen deiner Hände,
deiner Wange, deiner Lippen
und deines so zutraulichen Körpers nicht.

*

Ah! Dein »intelletto d'amore«,
dein Fingerspitzengefühl!
Doch jetzt: Keine Berührungen,
keine Auferweckungen mehr
wie so oft, wenn ich wieder
von Trübsinn gelähmt,
wortlos neben dir lag –
bis deine Fingerspitzen
leicht und behutsam
über mich glitten.
Und meistens dann folgten ihnen
dein Atemhauch, die witzige Zunge,
der warme Leib.
Wie nun weiter leben
ohne deine heilende Liebe?

*

Auf die Frage,
wie denn das Reich Gottes sei,
soll Eugen Drewermann
geantwortet haben:
»Es fühlt sich gut an.«
Dann, ja dann war ich
stets wieder dort.

*

Wo bist du?
Ich möchte sein,
wo du bist.
Wenn ein Häuflein Asche,
dann neben dir
als zweites Häuflein.
Wenn nirwanisch im Nirgendwo,
dann ebenfalls nirwanisch im Nirgendwo.
Wenn in Gottes Ewigkeit
– dann, ja dann
hast du alles,
hast mehr noch als alles
und vermissest nichts,
auch mich nicht,
und so möchte ich gleichfalls
dort sein dürfen, wo man
niemanden und nichts mehr vermisst
– doch jetzt
und bis dahin
vermisse ich dich
entsetzlich.

*

Als Kind sollst du
manchmal gesagt haben:
»Ich will nicht in den Himmel,
dort muss ein grässliches Gedränge sein.«
Auch als längst schon Erwachsene
hast du diesen Kinderwunsch gern wiederholt
(ein bisschen spitzbübisch nun).
Hoffentlich also bist du nicht
in himmlisches Gedränge geraten,
hast um es – wie stets auch
um irdische Massenaufläufe –
einen grossen Bogen gemacht.

*

Vielleicht sind »Paradies«
und »Himmel« Bildwörter
für wunschloses Glück.
Wie du und wo
und ob du überhaupt
irgendwie und irgendwo bist:
Darüber hast du dir deiner Lebtag
wenig oder gar keine Gedanken gemacht,
weil das vollkommen nutzlos
und dafür Gott allein zuständig sei.
Im Vertrauen auf ihn
hast du klaglos loslassen können,
zuletzt auch dich selbst.
Was mir die Annahme leicht macht,
dass du so oder so
oder totaliter aliter
jetzt wunschlos glücklich bist.

*

Ist Tot-Sein Schlaf?
Wessen Schlaf jedoch?
Der Seele etwa?
Leiblose Seelen haben wir beide
uns allerdings nie vorstellen können.
Auch ist Schlaf bekanntlich
ein leiblicher Zustand.
Oft hast du gesagt:
»Wo ist denn meine Seele?
Ich glaub', ich hab' keine.«
Dabei strahlte sie hell
aus deinen Augen und war
im Klang deiner Stimme:
Seele und Leib,
das unzertrennliche Paar!

*

Versuch neulich,
den Atem anzuhalten,
möglichst lange, um dir
nachfolgen zu können.
Kinderei! So simpel
lassen Atem und Leben
sich nicht abschalten,
bin kein Apparat,
aber auch kein indischer Yogi,
bin Witwer jetzt –
ein Zu- und Zivilstand,
der mir total missfällt.
Das einzig Gute an ihm:
Dir ist dadurch
die Witwenschaft zum Glück
erspart geblieben.

*

Ich liebe den Föhn
und die Föhnfische
am tiefblauen Himmel
und war ihm doch böse,
weil er dein Herz
oft geplagt hat.
Föhn! Böser Föhn!
Warum gerade das kleine,
das grosse Herz
meiner Liebsten?

*

Deine Herzoperation seinerzeit:
Komplikationen, Blutungen danach,
weitere Eingriffe deshalb.
Erschöpft und bewusstlos
lagst du in der Intensivstation.
Zwei Ärzte standen
ratlos mit mir herum,
am Ende ihres Lateins.
In die beklommene Stille hinein
murmelte einer von ihnen schliesslich:
»Aber sie hat ein starkes Urvertrauen.«

*

Als du in Le Noirmont,
der Höhen- und Rehaklinik
für Herzoperierte,
dich sanft, aber zäh geweigert hast,
im Juraschnee brav zu joggen
oder im Fitnessraum
an Tret- und Kraftmaschinen zu schwitzen,
kapitulierte der Kardiologe
schlussendlich mit dem Kompliment:
»Madame, vous êtes
une personne très délicate.«

*

Wenn ich wieder mal den Rasen
mit dem Handmäher kurz geschoren
und das zusammengerechte Schnittgras
im roten Plastikkorb samt vielem Gjät
auf den Kompost gekippt und mich
auf die Gartenbank gesetzt hatte,
um den Schweiss auf dem blutten Oberkörper
trocknen zu lassen und genussvoll inhalierend
eine Zigarette zu rauchen,
kamst du aus dem Haus,
mit einem Glas kühlen Sirups
und setztest dich zu mir,
um meine Arbeit zu rühmen
und gleichfalls eine Zigarette zu rauchen.
Wir plauderten über dies und jenes
oder schwiegen einträchtig
und blickten ins mannigfache Grün der Gebüsche
– Philemon und Baucis.

*

II

Überliefert wird,
bei deiner (zu frühen!) Geburt
hätten die Kirchenglocken von Langenthal
den Pfingstsonntag eingeläutet.
Sonntagskind also,
Pfingstkind sogar,
Pfingstwunderkind.

*

Stets aber hast du
– astrologisch eine Zwillingin –
dich für oberflächlich, flattrig,
unbeständig gehalten:
Eine Selbsteinschätzung,
die in der Tat oberflächlich
(oder wohl eher kokettierend)
gewesen ist, denn in dir
war ein verlässliches Licht,
das in den Wechselfällen des Lebens
niemals erlosch.

*

Deinen Vornamen hast du
nicht sehr gemocht und zweifelsohne
gibt's hübschere als Hanni
oder (in offiziellen Papieren): Johanna.
Hie und da haben Freunde versucht,
»Hanni« mit »Hannah« oder »Jeanne«
ästhetisch ein bisschen zu verbessern.
Als Kind warst du »das Hanneli«,
ein lieblicher Diminutiv.
Aparterweise soll ein Lehrer
dich gern »Johanneli« genannt haben.

*

Bei den Pfadfinderinnen
bekamst du den Namen »Möwe«.
Weshalb wohl? Gewiss nicht
wegen des Möwengekreisches, du hast
deiner Lebtag niemals gekreischt.
Eher dürfte der Name
die hellen Schwingungen gemeint haben,
die von dir ausgingen. Vielleicht auch
ist er dem damals gängigen Schlager
zu verdanken: »Kleine Möwe,
flieg nach Helgoland …«

*

Unter deinen hinterlassenen Büchern
ist mir Friedrich Hölderlins »Hyperion«
zufällig in die Hände geraten,
mit der handschriftlichen Zueignung:
»Frühling 44 / Thuri«.
Darunter, ebenfalls handschriftlich
der hochgemute Satz aus dem Buch:
»Ans Göttliche glauben die allein,
die es selber sind.«
Frühling 44?
Du, noch nicht ganz zwanzig, warst,
wie du viel später mal sagtest,
vom »Eremiten in Griechenland«
ziemlich irritiert –
doch bitte, wer ist das denn nicht?
Und Thuri? Ein Student
(was studierte er? Mir war er
nur flüchtig bekannt).
Nicht sehr lange hernach
hat er sich erschossen.

*

Dass du mir von Anfang an
bedingungslos vertraut hast,
ist mir ein Rätsel geblieben
und hat mich zuweilen erschreckt,
da ich mir selber
keineswegs immer vertraute.

*

Herzhaft feierten wir
die bürgerlich-konventionellen Rituale:
Verlobung zunächst, dann Hochzeit
mit kirchlicher Trauung
und lustigem Fest hernach
mit Verwandten und Freunden.
Und bald schon folgten
die kleinen Tauffeste –
alles, wie sich's gehört
und wie es auch schön ist.
Und dann, in den alten Tagen
und im Blick auf das Sterben,
hast du dir eine Abdankung nur
»im engsten Familienkreis«
ausdrücklich verboten, hast vielmehr
einen öffentlichen Dankgottesdienst
und danach eine fröhliche Grebt gewünscht.
Alles, wie sich's gehört
und wie es auch schön ist so.

*

Uns fiel Gelingen in den Schoss.
Nie haben wir an unserer Beziehung
– o Psychojargon! – »arbeiten« müssen.
Oder ist mir diese »Arbeit« vielleicht
erspart geblieben, weil du sie
still und diskret für beide getan hast?
(»Blödsinn! Quatsch!« meine ich
dich schimpfen zu hören).

*

Wenn ich dir weh getan hatte,
hast du nie Gleiches
mit Gleichem vergolten.
Ich predigte Vergebung
von der Kanzel herab.
Du aber hast sie gelebt.

*

Schön war deine Nachdenklichkeit
und voll gelassener Anmut,
wenn du, das Kinn
aufs linke Fäustchen gestützt,
da sassest, ohne doch jemals
in jenes dumpfe Brüten zu entsinken,
das mich so häufig heimgesucht
und dich ratlos gemacht hat.

*

Mit niemandem
konnte ich reden
wie mit dir.
Mit niemandem schweigen
wie mit dir.
Und lachen! Und weinen!
Vorbei, ach.

*

Du, meine Muse!
Wenn ich's sagte,
leuchtete es jedermann ein,
der uns kannte –
nur dir nicht!
Dabei sind die Fakten klar:
Erst nach neun Jahren
mit dir zusammen
ist mein erstes Lyrikbändchen
dank Jörg Steiner in seinem
Bieler Vorstadtverlag erschienen.
Du, meine Muse.

*

Was ich nicht kann,
dir ist es leicht gefallen:
Auf Leute zugehen,
ein Gespräch anknüpfen,
Vertrauen wecken,
Menschen miteinander bekannt machen:
Beziehungsstifterin,
unmerkliche Netzwerkerin,
stets aber unaufdringlich.

*

Du hast, anders als ich,
gerne telefoniert, hast gut
und geduldig zuhören können.
Eine Zeitlang pflegtest du
während längerer Telefonate
auf Notizblockblätter zu zeichnen:
Kreise, Spiralen, Kugeln,
buntlustige Rundformen jedenfalls,
Glückskunst sozusagen.

*

Wer dir allerdings nachsagen wollte,
du seist zu jedermann lieb und nett gewesen,
täte dir unrecht.
Menschen (vorweg Männer) gab es,
die du instinktiv nicht riechen,
nicht ausstehen konntest.
Ihnen gingst du aus dem Weg
oder hast sie so schroff brüskiert,
dass es mir, falls ich zugegen,
bisweilen recht peinlich war.
Andererseits warst du es oft,
die bei mir ein gutes Wort eingelegt
und um Verständnis geworben hat
für Menschen, die mir zuwider waren.

*

Wir haben uns
recht gut ergänzt:
Wenn ich in Panik geriet,
warst du es,
die ruhig Blut bewahrte.
Warst ausnahmsweise du es,
die für Momente den Kopf verlor,
versuchte ich,
den meinen zu behalten.
Zwei Köpfe sind besser
als einer allein.

*

Du: Eine gute Schwimmerin,
der ich meistens bald nicht mehr
zu folgen vermochte.
Schwammst z. B. weit hinaus
ins Ägäische Meer, so weit,
dass ich schliesslich nur noch
dein Köpfchen, häufig dann aber
überhaupt nichts mehr von dir
zu sehen vermochte, worauf mich
heillose Angst überfiel,
du hättest aufs Mal keine Kraft mehr
oder einen lähmenden Krampf bekommen
oder eine tückische Strömung
habe dich weggetragen für immer.
Doch immer bist du Gott sei Dank
wieder zurückgekommen,
etwas atemlos zwar, aber lachend
und höchst erstaunt über meine Ängste:
»Aber das Wasser trägt einen doch!«
Ich, kleinlaut: »Dich offenbar,
mich leider nicht ...« Ah! Dein Vertrauen
auch zu den Naturelementen!

*

In den ersten Jahren
der rasch wachsenden Familie
lebten wir in einem Büezer-Häuschen
ohne Badezimmer und sonstigen Komfort.
Mein Lohn entsprach dem
eines Fabrikarbeiters, was wir
in einem Industrie- und Arbeiterdorf
auch für richtig hielten.
Nie hast du gejammert,
hast mit dem knappen Geld
und fröhlichem Geschick
den Haushalt täglich bewältigt,
hast mir und den Kindern
eine Geborgenheit und Freiheit geschenkt,
in der ein jedes von uns sich
auf seine Weise hat entfalten können.
Dabei hattest du selber
während fast zwei Jahrzehnten
kein eigenes Zimmer, in das
du dich hättest zurückziehen können.

*

Vom Muttertag hast du,
die vierfache Mutter,
nie etwas wissen wollen.
Der Muttertag, sagtest du,
sei eine Erfindung
der Floristen und Confiseure.
Mit ihm werde doch bloss
das schlechte Gewissen vieler
in Profit umgemünzt.

*

Kein Wunder, hat
deine blonde Anmut
auch auf Lesbierinnen
anziehend gewirkt.
Ich merkte das erstmals deutlich,
als Dagmar,
eine deutsche Provinzschauspielerin,
dich offen umwarb und umschwärmte,
was auch deine Spottlust weckte.
Doch bliebst du sehr lieb zu ihr,
wenn auch nicht ganz so
und so ganz,
wie sie es sich wünschte.
Du hattest stets ihre Tragik vor Augen
als uneheliche Tochter
eines berühmt-berüchtigten Nazi-Mimen,
warst dann aber doch ziemlich erleichtert,
als sie eine richtige Geliebte fand.

*

Nach einer Fernsehshow
des einstigen Skiweltmeisters
und jetzt alpinen Schnulzensängers
Hansi Hinterseer seufzte ich neidvoll:
»Ach, wieso bin ich nicht
so schön gewesen wie der Hansi.«
Du aber, blitzschnell: »Weil ich dich
dann nicht hätte heiraten wollen.«

*

Einer deiner erfüllten Wünsche:
Miteinander barfuss im Sand
der Insel Sylt spazieren gehen,
begleitet vom rollenden Rhythmus
landleckender Brandungswogen
der immer bewegten Nordsee,
die Haare von steifer Brise zerzaust.
Spät im Frühling war's,
auf der Kurpromenade erst wenige Leute,
Rentnerinnen und Rentner wie wir.

*

Wohlgemut haben wir uns
vom Fortschritt (wovon? wohin?)
überholen lassen.
Gibt es in der Kunst,
in Poesie und Religion
überhaupt so etwas wie Fortschritt?
Oder gar – seit dem Kamasutra
oder dem Hohen Lied –
in der Liebe?

*

Gespielin du
im schönsten aller Spiele,
Erfinderin von 1001 Liebkosungen
innigst und lustvoll bis zuletzt,
bis deine Sterbewochen begannen.

*

An den Abenden des Alters
sassest du oft im Lehnstuhl
des stillen Zimmers
oder lagst auf der Couch
mit geschlossenen Augen.
»Schläfst du?«
»Nein, ich höre Musik.«
Du brauchtest bloss
deine Augen zu schliessen,
um in dir (im Kopf?)
zu hören, wie es musiziert
– was für ein ES spielte da auf?
Unbekannte, noch nie
sonst gehörte Musik sei's
(hast du gesagt).
Ein Hör-Privatissimum, an dem
ich keinen Anteil hatte.

*

III

Nie hast du glauben mögen,
dass, wie Paulus einst schrieb,
der Tod der Sünde Sold
und der letzte Feind sei.
Dir war immer schon klar,
dass zum Leben
auch das Sterben gehört.
Und das seit Urbeginn
und offenbar also
nach Gottes heiligem Willen:
Heilige Vergänglichkeit.

*

Die Selbsterneuerung des Lebens
käme zum Stillstand,
wenn wir nicht stürben.
Skandalös ist nicht der Tod,
skandalös sind die immer längeren Leiden davor,
die prämortalen Demütigungen und Qualen
des hohen Alters oft
im Zeitalter von Spitzenmedizin
und Lebensverlängerung.

*

Wenn dir zunehmende Schmerzen
und fortschreitende Gebrechen
hie und da aufs Gemüt schlugen,
reagierte ich oft übellaunig –
bis dass du leise sagtest:
»I weiss, i bi es böses Wyb.«
Genau so: »... es böses Wyb.«
Du ein böses Weib?
Heultränen.
Lachtränen.

*

Stets wieder hast du
meinen Unmut und Ärger spüren müssen
ob deiner Zusammenbrüche und Stürze
daheim und auf der Strasse,
tagsüber oder nachts
auf dem kurzen Weg zum Klo.
Hilflos schimpfte und fluchte ich oft,
bis du sanft und leise gesagt hast:
»Aber ich mach's ja nicht extra …«
Meine vorwurfsvolle Vermutung hie und da,
deine Altersgebrechen seien selbstverschuldet,
müssen dich tief betrübt, sogar verletzt haben.
Erst wenn du wieder traurig sagtest:
»Ich mach's doch aber nicht extra …«
wurde ich wieder nüchtern,
der hilflose Zorn (mehr gegen
das Schicksal als gegen dich) erlosch
und ich erinnerte mich, wie du dich
mit Schwimmen und Gymnastikstunden
über die vielen Jahrzehnte hin
gut in Form gebracht und gehalten hast
– o Gott, wie konnte ich nur
so blöde reden, so böse sein?
»Du bist überhaupt nicht böse«,
nahmst du mich gegen mich in Schutz,
»es ist doch kein Wunder,
wenn dein Geduldsfaden hie und da reisst.«

*

Als deine Beschwerden und Schmerzen
chronisch geworden waren,
Gelenke und Glieder sich verformten,
die Finger auch, so dass du
nicht mehr schreiben konntest,
selbst deinen Namen nicht mehr,
gruben sich über der Nasenwurzel
Furchen in deine schöne Stirn
und dein Spiegelbild gefiel dir nicht mehr.

*

Als du nicht mehr frei gehen konntest.
Als du auch mit Krücken nicht mehr gehen konntest.
Als du auch mit dem Rollator
– von dir »mamamobil« genannt –
nicht mehr gehen konntest.
Als Pfleger und Pflegerinnen
dich nicht einmal mehr
in den Rollstuhl zu setzen vermochten.
Als du nicht mehr essen,
dann kaum noch sprechen,
dann nicht mehr trinken konntest:
Ein Verlust, eine Demütigung,
eine Zerstörung nach der andern.
Deine unglaubliche Geduld aber,
deine Tapferkeit:
Bis das Licht deiner lieben Augen erlosch,
bis du aufhörtest zu atmen,
bis die Zumutungen
ein Ende hatten.

*

Bei dir war ich gerne ich.
Jetzt aber und ohne dich?
Wär' ich am liebsten
auch ohne mich.

*

Blindlings
habe ich mich jederzeit
auf dich verlassen können.
Und nun, da ich tatsächlich
allmählich erblinde,
bist du nicht mehr da.
    Darum, ach Gott,
    mach mich bald tot,
    bevor ich, o weh,
    überhaupt nichts mehr seh'.

*

Aber ich tue,
als wär' ich gefasst,
kein Jammerlappen
und nicht verzweifelt,
damit du vielleicht
noch ein bisschen
stolz sein kannst
auf mich.

*

Wie oft, ach, hab' ich gesagt:
»Ohne dich könnt' ich nicht leben.«
Nie hast du's wahrhaben wollen.
Doch jetzt bin ich
ohne dich
nur noch vorhanden.

*

Wer wohlmeinend kommt
und mir etwas faselt
von »Trauerarbeit«,
hebe sich weg von mir.

*

Der Tod sei der letzte Feind,
behauptete der Apostel (1. Kor. 15,26).
Jetzt, als Greis unter Greisinnen, Greisen,
weiss ich es anders und
nach deinem Sterben erst recht:
Der Tod ist der letzte Freund,
der Qualen, Nöte und auch
das Sterben barmherzig beendet.
Du, Gebärerin sterblichen Lebens,
hast dies schon immer
besser gewusst als der Apostel.

*

Und nach wie vor erwache ich
selbst an dunkelsten Wintertagen
morgens um sieben,
zur Zeit, da ich jeweils
aus dem Pyjama und zu dir,
die flugs ebenfalls blutt war,
ins Nebenbett schlüpfte
    zur Morgenstund
    Mund an Mund,
    zum Schlafvertreib
    Leib an Leib –
bis zum schwarzen Tag,
da dich beim Morgenessen plötzlich
ein Hirnschlag halbseitig lähmte
und die Notambulanz kam
und mit dir
– für immer für immer –
vom Kuhnweg wegfuhr.
Seitdem ist dein Bett leer
und dein Stuhl am Esstisch
und dein Zimmer
und das ganze Haus.

*

Brief (nicht abgesandt):

Ich danke Ihnen für Ihr Mitgefühl,
für die Worte des Trostes.
Sie empfehlen mir
– verkürzt gesagt –
Gott sozusagen als Ersatz
für die lebenslang Geliebte.
Allein, selbst Gott kann mir
diese nicht ersetzen.
Vermutlich will er das auch gar nicht,
ist kein Lückenbüsser.

*

Vergeblich suchen dich meine Augen,
die Ohren horchen umsonst,
die Hände tasten ins Leere,
kusslos welken Lippen und Zunge.
Aber ich vergesse nicht,
wie wunderbar mich Gott
durch dich gesegnet hat.

*

Dein Grab, ach.
Die letzte Ruhestätte
(sagt man).
Zwischen Gesträuch und Gräbern
huschen Eichhörnchen
lautlos hin und her.
Mir fallen Rilkes
beiläufige Zeilen ein:
»Pour trouver Dieu
il faut être heureux.«

Nachwort
Kurt Orpheus Marti

Orpheus' Sehnsucht nach der für immer ins Totenreich geglittenen Eurydike hat der Welt die erste Liebesdichtung beschert. Der Verlust als tiefempfundenes Ereignis im Leben eines liebenden Mannes hat uns alle letztlich reich beschenkt. Daraufhin weist uns der Mythos, indem er schildert, wie der Sänger wilde Tiere und sogar Steine erweichen konnte mit den Worten und Liedern, die er fand, um sein Schicksal zu beklagen, sein Vermissen zu buchstabieren, und so gebe ich zu, dass ich – in diesen Tagen steinschwer, weil auch ich Abschiede erlebe und von ihnen wortlos stehen gelassen werde – weinend wie selten im Regionalexpress durch Bayern fahre und Kurt Martis späte Gedichte lese, die allesamt zärtliche Notate kleiner, ach so vergeblicher Aufstände gegen den Feind und seinen gleichnamigen Freund »Tod« sind.

Es gibt in diesem Band, der Martis letzte Gedichte enthält, Texte, die nur die Schublade als Lebensort hatten, einen kleinen Ort im Gedächtnis des Dichters und Predigers vielleicht, keine Bühne kannten und denen er auch keine Bühnen zuerkannte, doch sind sie alle so Marti-satt, so prall gefüllt mit Schalk und Sang, dass sie das Werk runden, dass man sich nach ihnen umdrehen möchte und froh ist, dass sie nicht für immer im Hades verschwunden sind oder eben an den privaten Orten eines dichtenden Lebens. Man hätte die Trauermelodien, die Altersseufzer, das schwerere Atmen, den Sehnsuchtsabendhauch nicht gehört. Man hätte vielmehr die vielen pointierten, messerscharfen und spitzzüngigen Gedichte fest in die Erinnerung an diesen Dichter gefasst, hätte immer weiter gelobt, wie glasklar das Wort klingt, dass unter seiner geschulten Lupe alle Geheimnisse ausgesprochen werden können, nicht aber, dass das Vage, das Verzagte, das Lebensmüde und Unwirrsche Teil seiner Arbeit waren. Will aber wer einen Band mit solchen dunklen Genossen lesen? Bei Kurt Marti muss das keiner. Die eigenen tiefen Schwankungen tut er seinen Lesern nicht an. Er schwankt ihnen quasi etwas vor, um – so mag es das Kirchenwort wohl meinen – sie zu festigen an seinem Beispiel. Ecce homo, ich bin auch einfach nur ein Mensch, sprechen Dichter und Pfarrer aus einem Mund. Ganz leise, weil sie sich beide nicht mehr aller Dinge so sicher sind und wie könnten sie auch, es geht schließlich nun ans Eingemachte. Und das sind ja gewöhnlich die Gläser, die am weitesten im Schrankdunkel stehen und auch am längsten.

Das Wort selbst legt er noch ein paarmal auf die Waage und dabei liegt in der anderen Waagschale nicht das sprichwörtliche Gold, sondern das Silber des Sprechens. Das ja auch das Silber des Handels und damit oft genug des Handelns ist. Ein Wort für ein anderes, so wird die Sprache, das Gespräch zweier Menschen ein Handeln. Im Gedicht und durch das Lesen von Gedichten liegt selten ein stoisches Abbilden der Dinge, wie sie sind. In den besten Gedichten flackern die Bilder wie in einem alten Fernseher, den man kurz schlagen oder dessen Antenne man zusätzlich biegen muss, auf jeden Fall braucht ein guter Empfang, ein 1-a-Aufnehmen-Können des Gesagten und zu Sehenden unsere Einwirkung, unser Handeln. Leser sind nie aus der Pflicht genommen.

Schöne Pflichten, bitte auch, sind diese Gedichte, die der Witwer Marti schreibt. Kaum mehr fragt der Sprecher des Gedichts nach dem »warum«, zu groß ist die Lebensmüdigkeit »gelegentlich«, wie der Titel des gleichnamigen Gedichts besagt, und damit ist klar, dass man tief im Labyrinth des Alterns angekommen ist. Autobiographisch, dokumentarisch, zärtlich, mit geringem Milchanteil in der Lebensschokolade fallen spitze Urteile nun leicht, die Sätze verkürzen sich wie von selbst und die Fragen sind inwendig. Auch für sich selbst prüft man Beschreibungsvokabular, der Dichter nennt sich – wohl weil er sich auch so erfährt: Greis. Ist man noch dumm oder schon senil »oder bin ich / einfach / bloss müd / und lasse / geschehn / was geschieht?« Ein kurzes Gedicht wie dieses zeigt das Formenverständnis des Dichters und die Ruhe, die er sich in seinen Worten und deren Auswahl gönnt. Verwendet ein Dichter wenige Worte, wählt er sie wie Relais, die Gedanken in den Lesern mit neuem Strom versorgen können, wie Scharniere an alten Schranktüren und die bis dato verborgene Dinge – »was ist / im schrank?« heißt es im Gedicht *spuk* – herauspurzeln lassen oder stellt sie hin in die Köpfe wie Staudämme, deren Mauern längst Risse bekommen haben. Es ist die Zeit der Risse und des Zerreißens.

»Hannis Äpfel«, das mögen die Früchte am Baum im eigenen Garten sein, die Marti besingt. Es könnten die Früchte auf dem Tisch, vom Markt geholt von ebendieser Hanni, in eine Schale gelegt sein. Es mag der Lebensapfel gewesen sein, den man von einer Art Entscheidungs-Paris überreicht bekommt, bevor man dann selbst zum Anlass für einen wilden, alles verändernden Krieg wird.

Ein Apfel ist für einen Mann der Bibel ein Zeichen für Erkenntnis und damit Unterscheidung. Die Äpfel der eigenen Geliebten sind Basis für Obstsalat und Kompott, Versorgung und Süße und Sehnsucht, wenn all das Aufgezählte einem eines Tages für immer fehlen muss.

Seine wenigen Worte lassen den Dichter Marti prophetisch und manchmal streng klingen und ein Weltenurteil hört man heraus aus der »klage«, auf die der »abgesang« folgt: »der grosse kaspar / möcht ebenfalls sterben // denn nun / denn so / ist kein leben mehr«.

Trotzdem gibt es immer noch Rezepturen, kleine, feste Texte mit Unumstösslichkeiten darin: »leben // hoffen / macht offen / geben / weckt leben / teilen / lässt heilen«. Was aber, wenn das Teilen nicht mehr gelingt?

Unter Tränen, die sich wohl aus meinen rissigen inneren Staumauern ergießen, habe ich »Hanni«, ein Langgedicht aus vielen Einzeltexten, mit so etwas wie Ehrfurcht gelesen. Es sind die Betrachtungen eines Witwers, eines alleine zurückgebliebenen Orpheus im Alterslabyrinth von köstlichen Erinnerungen umsorgt und gleichzeitig von ihnen bedrängt, denn der Mangel, den er fühlt, der ist unendlich.

Es ist der »schwarze Tag«, der Hanni plötzlich am Frühstückstisch von einem Hirnschlag treffen lässt. Die Verse lauten dann:

    und die Notambulanz kam
    und mit dir
    – für immer für immer –
    vom Kuhnweg wegfuhr.
    Seitdem ist dein Bett leer

und dein Stuhl am Esstisch
und dein Zimmer
und das ganze Haus.

Und der Sprecher dieser großen Trauerrede, die gekonnt und fein auch eine Biographie der Geliebten vor den Leser stellt, eine Art stille, schemenhafte Hanni aus den Worten ihres Mannes entstehen lässt, eine Frau mit Humor und großer Feinheit, mit Schläue und Eigenschaften, die ihm faszinierend, fremd und nützlich waren, stellt fest: »Doch jetzt bin ich / ohne dich / nur noch vorhanden.«

Diese lakonischste Art der Absage ans Leben ohne Hanni ist paradoxerweise dem Humor am nächsten und ich persönlich liebe die folgenden, so bösen wie lustigen Zeilen Kurt Martis, des Witwers, des Einzelnen, des lebensmüd-hoffenden, sehnsuchtsvollen Mannes, der wie keiner Liebe und Lust im Alter beschreibt und der Sprache großen Raum gibt in einem Leben, das einmal aus Zweien bestand, eben aus Zweien im Alltag, im Miteinander und durch die Jahre:

Wer wohlmeinend kommt
und mir etwas faselt
von »Trauerarbeit«,
hebe sich weg von mir.

Besser hat auch Orpheus es nie gesungen, dass die verlegenen Reden sich verlogen anfühlen können und dass die besten Absichten nichtig sind, wenn das Fernsehbild nur noch verzerrt ist. Und so erwähnt der Pfarrer-Dichter seinen Gott nur selten auf und zwischen den Zeilen in diesen letzten Gedichten, denn einen »Lückenbüsser« will er nicht in ihm wissen, eher einen, der sicher um die Beschaffenheit eines Herzens, das halbiert schlägt, weiß.

Nora Gomringer, August 2020

Editorische Notiz

Nach Kurt Martis Tod (2017) fanden sich in seinem Arbeitszimmer mehrere Ordner, die er – anders als den Rest seiner Unterlagen – nicht dem Schweizerischen Literaturarchiv (Bern) übergeben hatte. Unter ihnen war auch einer, auf dem »Gedichte, Varia, Restanzen« stand und der verschiedene Abteilungen enthielt. Kurt Marti hatte das Schreiben aufgegeben, als seine Frau Hanni – seine »Muse«, wie er schreibt – gestorben war, zehn Jahre vor ihm. Das Arbeitszimmer im Wohnhaus besuchte er von der Altersresidenz Elfenaupark aus selten, in den letzten Jahren gar nicht mehr. Doch offensichtlich waren hier einzelne Textsammlungen übrig geblieben, die er als noch nicht abgeschlossen betrachtete.

Die meisten Gedichte fanden sich als maschinengeschriebene, selten handschriftliche Manuskripte. Einige waren, wie sich an anderer Stelle zeigte, bereits in Zeitschriften und Zeitungen erschienen. Andere vereinzelt publizierte waren als Manuskripte im Ordner nicht vorhanden – was nicht unbedingt überrascht: Kurt Marti dokumentierte in großen Büchern mit Schere und Klebstift, was von ihm und über ihn erschien. Doch Manuskripte und Entwürfe warf er aus Platzgründen weg.

Die vorliegende Auswahl an Gedichten aus dem Nachlass stützt sich in erster Linie auf eine im besagten Ordner als »Gedichte 1« bezeichnete Abteilung. Sie wurde mit Gedichten aus der Abteilung »Gedichte 2« und einzelnen bereits publizierten Gedichten aus Zeitungen und Zeitschriften ergänzt. Die Publikationsorte sind nachstehend vermerkt.

Der Sammlung gesellten wir das Langgedicht *Hanni* bei, das Kurt Marti nach dem Tod seiner Frau verfasst und als kopiertes Typoskript seinen Kindern und Nächsten verteilt hatte. In lyrischer Form berichtete er, welcher Schmerz ihn seit dem Tod der Geliebten und Lebensbegleiterin plagte und wie einsam er war. Auch wenn das Gedicht wohl nicht für eine breitere Öffentlichkeit bestimmt war und es Marti selbst zu Lebzeiten kaum veröffentlicht hätte, haben wir uns für eine Publikation entschieden. Wir meinen, dass sich hier ein Dichter von Rang mit seinen Möglichkeiten einer Lebenssituation stellt, die beispielhaft ist für das, was viele Menschen erfahren. Die Zeilen des Zyklus öffnen sich über die persönliche Erfahrung hinaus und sind inhaltlich stark verbunden mit den Gedichten im übrig gebliebenen Ordner.

Folgende Gedichte sind als Einzelpublikationen bereits erschienen:

stilleben/hannis äpfel (Das Plateau Nr. 82, 2004)

verschont (Das Plateau Nr. 82, 2004)

geh! (Poesie-Agenda 2006, orte-Verlag)

im weitergehen (Das Plateau Nr. 33, 1996 + Poesie-Agenda 2006, orte-Verlag)

nasser juni (Das Plateau Nr. 82, 2004)

über land (NZZ Folio, 1993)

etüde für ballhorn (Publikation Düsseldorf-München 21. Jg. Nr. 5, Mai 1971)

vorerst gerettet (Das Plateau Nr. 82, 2004)

zum beispiel: brot (Das Plateau Nr. 82, 2004)

tanka (ORTE – Schweizer Literaturzeitschrift. Nr. 51, Zürich 1985 + »Der Vorsprung Leben. Ausgewählte Gedichte 1959-1987« 1989, Sammlung Luchterhand Taschenbuch, 1989).

spuk (Publikationsort unbekannt)

friedhofliedlein (Zeitschrift »Das Gedicht«, 2003 + Das Plateau Nr. 82, 2004)

umgangsformen (»Nancy Neujahr & Co«, Literarischer Verlag Helmut Braun, Leverkusen, 1976)

das wort (Das Plateau Nr. 82, 2004)

pfingstmorgen (Das Plateau Nr. 82, 2004)

Ein großer Dank gilt Thomas Marti, der den Nachlass seines Vaters akribisch erfasst und uns zugänglich gemacht hat, sowie Nora Gomringer für ihr kluges, bewegendes Nachwort.

Guy Krneta

Herzlichen Dank für die Unterstützung durch:

Burgergemeinde Bern

und die Kurt Marti-Stiftung

Bibliografische Information der Deutschen Nationalbibliothek
Die Deutsche Nationalbibliothek verzeichnet diese Publikation
in der Deutschen Nationalbibliografie; detaillierte bibliografische
Daten sind im Internet über http://dnb.d-nb.de abrufbar.

© Das Copyright an den Texten in diesem Band liegt bei der
Kurt Marti-Stiftung, Bern
© Wallstein Verlag, Göttingen 2021
Vierte Auflage, 2021
www.wallstein-verlag.de

Vom Verlag gesetzt aus der Stempel Garamond
Umschlaggestaltung: Marion Wiebel, WSV
© Fotografie: Kurt Marti-Stiftung

Druck: Hubert & Co, Göttingen
ISBN: 978-3-8353-3893-7